14.
L.K. 101.

DISCOVRS
PRONONCE'S
PENDANT LA TENVE
DES ESTATS
DE LANGVEDOC

Le dix-septiéme Decembre 1663.

Sur la Demande du Roy.

A PEZENAS.

Par Iean Boyde, Imprimeur ordinaire du Roy
& des Estats generaux de Languedoc. 1663.

MONSEIGNEVR
LE PRINCE
DE CONTY
a dit,

ESSIEVRS,

Si le commandement du Roy nous oblige à venir auiourd'huy dans cette Assemblée pour y faire des demandes de sa part, nostre entrée en ce lieu ne doit rien auoir qui vous estonne ou qui vous afflige, puisque vous ne pouués considerer comme vn mal la preuue la plus certaine de vostre liberté

Toutes les Prouinces de ce Royaume sont également sujettes à secourir l'Estat par leurs contributions, mais toutes ne sont pas également éleuées à l'honneur de les regler par les suffrages de leurs Deputez. Ce que le Roy prend ailleurs comme sien, il veut bien le receuoir icy comme vostre, & vous tirez ce double aduantage de vos presens, qu'ils aydent à soûtenir vn Corps duquel vous faites vne des plus nobles parties, & qu'ils vous attirent en mesme temps la gratitude & la bien-veüillance de vostre Souuerain.

Mais, Messieurs, ce qui est de plus grand & de plus glorieux pour vous, c'est que le Roy qui regle ses volontez par la raison & par la iustice, mais qui manifestant ses Ordres à ses peuples, leur en laisse pour l'ordinaire respecter les motifs sans les connoistre, vous traite d'vne maniere bien differente: puisque toutes les fois qu'il vous demande des secours, il vous fait entrer en part de ses conseils, en vous découurant les ressorts de ses resolutions & de ses conduites.

La seule necessité de son Estat a part à ce que ces secours ont de rude & de facheux : mais c'est à sa bonté & à sa iustice que vous deuez cette maniere libre auec laquelle vous
luy

luy rendés les marques annuelles de voſtre obeïſſance & de voſtre ſujection, vous en eſtes perſuadés, Meſſieurs, & ce n'eſt que pour ſatisfaire à la coûtume que ie vous entretiens ſur cette matiere, ſçachant aſſés par ma propre experience que la ſimple expoſition des volontés du Roy eſt toute ſeule capable de vous conuaincre. Monſieur de Bezons vous la va faire dans ce moment telle que les Ordres de Sa Majeſté luy preſcriuent, & vos Deliberations y ſatisfairont ſans doûte auec promptitude, & donneront au Roy de nouuelles preuues de voſtre obeïſſance & de voſtre fidelité.

MONSIEVR DE BEZONS
Intendant en Languedoc, a dit.

ESSIEVRS,

    C'est auec raison que toutes les Sectes des Philosophes ont condamné d'orgueil & de presomption celle des Stoïques, lors qu'ils ont osé auancer cette opinion, que le Sage n'auoit besoin de rien ; Il n'y a que Dieu seul qui puisse estre content de luy mesme, parce qu'il est riche de sa propre essence : Mais bien que toutes les choses du monde luy soient inutiles par sa nature, il se les est neantmoins renduës necessaires, pour attirer les hommes à luy par vn principe plus noble, que celuy d'vne crainte seruile, qui est le partage des esclaues.

L'on ne peut considerer la personne des Roys sans conceuoir pour leur grandeur vn respect particulier, puis que Dieu a imprimé sur eux les caracteres de sa puissance. Personne n'a droit de s'opposer à leurs volontez, parce que le principe de leur authorité est legitime, & qu'elle est independente, en vn mot qui leur resiste, resiste à Dieu qui les a establis pour nous commander auec vn pouuoir absolû: Mais à mesme temps il les a assujetis à auoir besoin des peuples qui leur sont sousmis, pour leur inspirer de la bonté & de la tendresse pour leurs Sujets; Et la Prouidence a donné cette ioye à ces mesmes sujets d'estre necessaires à leur Prince, pour les attacher à leur deuoir par amour, & cette mutuelle correspondence fait la iuste harmonie des Estats, le bonheur des Royaumes, & doit estre le motif de la Deliberation que vous vient de proposer S. A. S.

Nous vous demandons donc auiourd'huy

vn Don Gratuit de la part du Roy parce que vous eftes fes fujets. Nous demandons que vous contribuyez au befoin du Royaume dont vous faites vne fi noble partie, & que vous le faffiez auec liberalité, puis que l'eftat des affaires de Sa Majefté le defire.

Nous n'employerons aucun difcours pour vous perfuader voftre obligation fur ce fujet, ce feroit faire tort au zele que vous auez pour fon feruice, & à la iufte reconnoiffance de toûs les bienfaits & de toutes les graces que Sa Majefté vous fait; Et nous nous contenterons de vous faire connoiftre fans artifice la iuftice de fes intentions.

Le Roy ne veut point faire d'Edicts nouueaux, ny dans cette Prouince, ny dans le refte de fon Royaume: Il feroit indigne de fa grandeur de vous les propofer comme vn motif pour exciter vos Deliberations: Et bien loin de conceuoir cette penfée, Sa Majefté trauaille auec appliquation pour foûtenir les defpences de fon Eftat du reuenu ordinaire, & pour trouuer dans fes Efpargnes les moyens de pouruoir aux impreueües qui peuuent arriuer, ce qui ne fe peut faire qu'en retirant les chofes qui auoient efté alliennées par vne profufion fans exemple. Le Roy s'eft s'est desia engagé à vingt milions de liures de despence pour retirer quatre milions de reuenu de ceux qui les auoient acquis ; Cependant l'on fait iustice à tout le monde, l'on paye tout ce qui est legitimement deub : La vertu mesme trouue ses recompenses ; Toutes les grandes choses ne laissent pas de donner de la douleur à ceux qui auoient accoustumé de s'enrichir par des voyes iniustes. L'on ne peut voir sans peine le restablissement de l'autorité legitime, & le bon ordre dans les Finances. De là vient que ceux qui auoient eu des adorateurs dans leur fortune, trouuent des protecteurs dans leur disgrace, non pas par aucun principe de gratitude, mais parce que la pureté du siecle, & l'innocence de l'administration sous laquelle nous viuons, a coupé la racine & la source à toutes ces despences crimineles, que les desordres & la mauuaise administration auoient introduites. Et pour faire sentir cependant au dedans du Royaume les auantages de la Paix, l'on n'oublie rien pour le restablissement du commerce ; Vous voyez desia que la Garonne, dont les passages vous auoient esté fermez depuis si long-temps, vous est absolument libre sans aucun ob-

C

stacle, & les asseurances que nous vous en auons donné de la part de sa Majesté ont eu l'effet que vous en pouuiez esperer.

Les Armées Nauales on tenu libre la mer; l'on a assiegé les Pirates iusques dans leurs propres ports ; Et le Roy a bien voulû consommer pour cette entreprise quatre milions de liures. Ainsi la Republique Romaine ayant porté la terreur de ses Armes, dans les trois parties du monde qui estoient connuës, creut ne pouuoir pas employer plus vtilement ses forces qu'à netoyer la Mer de ces voleurs publics qui en auoient banny le commerce. Et cette expedition du grand Pompée fut l'vne des plus illustres matieres de ses triomphes : Cette despense n'a pas esté celle d'vne seule année, il est necessaire de la continuer dans les suiuantes, d'autant plus que la conjecture des affaires de Rome obligent le Roy de demeurer armé & par Mer & par Terre pour tirer reparation de l'injure faite à son Ambassadeur : Elle auoit differé iusques à present de tenter ces voyes, esperant que dans vne affaire qui interesse tous les Princes de l'Europe on chercheroit les moyens de reparer vn outrage de cette nature, mais iusques à present l'on n'a peu vaincre l'opiniatreté des autheurs de cét assassinat, qui se seruent de l'authorité qu'ils ont vsurpée pour soutenir leur premier crime par de nouueaux; mais Sa Majesté sçaura bien tirer de ses propres forces la reparation qui luy est deüe, sans blesser pour cela les interests de l'Eglise & du St. Siege, & mesmes sans offencer la personne particuliere du Pape.

Nous lisons auec estonnement les propositions qui furent faites par les Egiptiens pour la ionction des Mers; Le nom de Ptolomée est encore illustre dans l'Histoire pour en auoir tenté l'entreprise, cependant l'on en propose vn projet facile par le milieu de vostre Prouince, le dessein est regardé auec estonnement de tous les estrangers, & le Roy a creu qu'vne affaire de cette qualité ne deuoit point estre rejettée parce qu'elle auoit parû difficile à toute l'Antiquité, mais qu'elle ne deuoit point estre acceptée sans vne discution exacte, & Sa Majesté souhaite que vous deputiez des Commissaires du Corps des Estats pour conjoinctement auec Monseigneur le Prince de Conty en examiner la possibilité & voir s'il y auroit moyen de donner perfection à vn ouurage qui seroit si glorieux à la France & si vtile à vous mesme; Cependant, Messieurs, le Roy veut que l'on continuë auec soin la liquidation des debtes, non pas pour faire perdre aux creanciers ce qui leur est legitimement deû, soit en principal ou en interests, mais pour rejetter celles qui se trouueront mauuaises & vitieuses, pour donner en suitte moyen aux Communautés de se déliurer de ces Charges qui leur sont plus onereuses de beaucoup que les impositions ordinaires, & empécher pour l'auenir les abus qu'vne mauuaise coûtume auoit introduite : Cela posé, le Roy demande à la Prouince vn Don Gratuit de deux milions quatre cens mil liures, payables en douze mois, égaux de l'année 1664. dans la ville de Paris.

Le Roy sçait les efforts que vous aués faits les années precedentes, mais il sçait en mesme temps que vous estes plus en estat de le secourir que toutes les autres Prouinces de son Royaume, & cela est vn effet principalement des graces que vous aués receu de sa bonté.

Pour deliberer, Messieurs, sur cette proposition, faites reflexion, s'il vous plaist, sur la semonce qui vous est faite de la part du Roy

Roy, & eſuitez ſeulement que le trop grand attachement que vous auez pour vos auantages, ne vous empeche de connoiſtre ce qui eſt iuſte.

L'homme eſt ſi proche de luy meſme, qu'il peut difficilement ſe ſeparer de ſon propre intereſt. La raiſon qui propoſe, & celle qui coclud ſont voiſines, que s'il n'y en auoit vne ſuperieure pour nous determiner, nous ne ſerions iamais capables de prendre le bon party. Vous venez aux Eſtats auec cet eſprit de procurer à vos Concitoyens tout le ſoulagement poſsible. Et il eſt iuſte! Vous y eſtes meſmes entraiſnez par voſtre propre intereſt, parce que vous portez vne partie des charges. En cet eſtat il faut que la volonté du Roy ſoit non ſeulement le motif, mais la regle de vos Deliberations. Il conoiſt vos neceſsitez auſsi bien que vous meſmes: mais il connoit celles de tout l'Eſtat; Et ie m'eſtendrois dauantage pour vous faire voir la verité de la propoſition que i'auance, ſi ma propre experience ne m'auoit apris, que vos Deliberations ayans touſiours eſté conformes aux volontés de Sa Majeſté, il y a lieu d'eſperer que vous en prendrez vne prompte pour ſatisfaire aux propoſitions qui vous ont eſté faites.

D

MONSEIGNEVR
L'EVESQVE
DE CASTRES

NOMME' A L'ARCHEVESCHE' de Tolose, President aux Estats, adressant ses paroles à S.A.S. Monseigneur le Prince de Conty, a dit.

ONSEIGNEVR,

Il seroit inutil de repeter icy ce que nous dîmes il y a peu de iours à V. A. S. de la foiblesse & de la necessité de cete Prouince, qui vous est assez connuë, non plus que de vous remettre en memoire l'inclination naturelle des peuples du Languedoc, & leur empressement ordinaire à faire plus qu'ils ne peuuent pour plaire au Roy ; J'eus l'honneur de vous en parler l'année passée en ce mesme lieu, & les effets iustifieront bien-tost mes paroles, puisque dans vne affreuse necessité, ils firent vn effort tres-grand & tres-côsiderable, & d'vne maniere si respectueuse & si honneste, que de crainte qu'on peut s'imaginer qu'ils marchandassent auec le Roy, Il sembloit qu'ils se déroboient à eux mesmes la connoissance de leur necessité & de leur misere.

Encore que ce ne soient pas icy toutes les mesmes personnes, ce sont les mesmes cœurs & les mesmes intentions pour ce qui regarde le seruice du Roy, ils sont tous Enfans & Procureurs de la Prouince, & n'ont auec elle qu'vn mesme sentiment & vn mesme dessein de se conseruer les bonnes graces de nostre Maistre, conuaincus de la tendresse qu'il a pour ses Peuples, & qu'il a en soy vnies toutes les qualités qui ont fait aymer & reuerer de leurs sujets les plus Grands Princes.

Nous ofons dire que noſtre amour ne nous attache pas moins à ſa Royale Perſonne que noſtre naiſſance & noſtre deuoir ; Ainſi V. A. S. peut croire que des gens qui ont ces ſentimens graués dans le cœur feront ce qui ſe pourra pour contenter le Roy, que s'ils peuuent moins que l'on n'a attendu d'eux, Nous croyons que Sa Majeſté qui nous repreſente vne Image viuante de Dieu en terre pour le Gouuernement temporel de ce Royaume, à qui Dieu nous commande d'obeyr, fera le meſme jugement de nos efforts que Dieu fit en faueur de cette pauure femme de qui le preſent offert au Temple, quoy que tres petit, fut loüé & eſtimé de Dieu plus que les grands dons des autres, parce qu'il regarda à l'affection & au zele, & non pas à la valeur ny à la qualité de la choſe donnée, & qu'il peſa au poids du Sanctuaire l'amour qui l'auoit portée à ſe priuer du neceſſaire à ſa ſubſiſtance.

Voyla, MONSEIGNEVR, les diſpoſitions auec leſquelles nous entrerons en deliberation ſur la propoſition qui nous vient d'eſtre faite de la part de Sa Majeſté de laquelle nous vous ferons ſçauoir la reſolution au plûtoſt.

HARANGVE
FAITE A MONSEIGNEVR LE PRINCE
DE CONTY,
DE LA PART DES ESTATS, PAR MONSEIGNEVR
L'EVESQVE
DE MONTAVBAN.

Le xj. Decembre 1663.

MONSEIGNEVR,

Encore que nous suiuions la coûtume lors que nous venons à V. A. S. de la part des Estats de cette Prouince, pour luy porter les marques de nos deuoirs, & les preuues de nos respects : ce n'est pas neanmoins auec cette froide & languissante maniere qui accompagne les actions qu'on ne fait que par coûtume, puisque nous agissons auec la mesme ardeur que nous aurions dans vne passion naissante, & auec la mesme application que si nous commencions de vous rendre ces premiers honneurs.

De sorte, MONSEIGNEVR, que nostre vsage ne perdant rien de sa force, encore qu'il soit ancien, ressemble à vn feu qui a plus de vehemence lors qu'il trouue sur son cours plus de matiere, puisque nous approchons de V. A. S. auec tout ce nouuel accroissement d'amour, & de respect, dont Elle nous a donné tant de nouueaux sujets dans le cours de cette année.

Ce qui nous oblige, MONSEIGNEVR, de dire à V.A.S. sur son retour parmy Nous, que nos Estats la saluënt comme la Nature saluë le iour lors qu'il reuient, auec la ioye que luy rend sa douce lumiere, & la reconnoissance que toutes les creatures doiuent à la continuelle production de ses bien-faits.

Nous fondons nos sentimens, MONSEIGNEVR, sur ce nouuel éclat de puissance & d'authorité que vous a donné l'accroissement

ment de l'affection du Roy pour V. A. S. lors que Sa Majesté la receuant comme dans son fein, il l'a reuestuë d'vne nouuelle lumiere, qui sera aussi bien-faisante au Languedoc pendant vostre sejour, qu'elle l'a esté à tant de causes justes, dont vous venés de soûtenir, auprés de Sa Majesté, la fauorable protection.

C'est deuant ce Tribunal suprême que V. A. S. a maintenu la Religion opprimée, deffendu la Vertu calomniée, releué la Iustice abatuë, parlé pour les Peuples affoiblis, conserué à chaque Ordre de cette Prouince ses veritables droits, & fait voir enfin, que comme V. A. S. surpassoit par son Auguste Naissance les autres hommes, Elle auoit aussi par l'affection dont le Roy l'honnoroit, des aduantages qui la signaloient parmy les autres Princes.

Car, MONSEIGNEVR, quoy que les Princes nous soient toûjours des objets d'vne profonde veneration, à cause qu'ils sont vne partie du sang de nos Roys : Nous nous sentons obligés de reconnoistre que la part qu'ils ont encore dans leurs cœurs par la confiance, l'amour & l'estime, dont leurs Majestés les honnorent, nous met en estat de juger, que tout excés de consideration, de respect, & d'attachement pour eux, où nous sceussions

G

monter, est au dessous de la mesure de nos deuoirs, & de la justice de nos passions.

Nous regardons donc V. A. S. MONSEIGNEVR, par ce beau costé, & comme il est le plus brillant, & le plus agreable, Nous croyons qu'il nous sera le plus vtile & le plus glorieux: n'estant pas possible de nous persuader, que puis qu'auec le sang des veines du plus Grand Roy du monde, vous aués aussi l'amour de son cœur, qui est la source des Graces, vous n'y puisiés pour cette Prouince, celles que V. A. S. connoît si necessaires à la prosperité des Peuples.

Mais, MONSEIGNEVR, pour vn si grand nombre de bien-faits, ou receus de la protection, ou esperés de la bonté de V. A. S. Elle n'aura de nous que des cœurs si souuent offerts auec nos seruices, si souuent donnés auec nos passions, & si souuent liurés par nostre obeïssance, qu'il ne nous reste rien que vous ne possediés entierement. Nous asseurerons bien neanmoins V. A. S. MONSEIGNEVR, que ces mesmes cœurs fairont de nouueaux efforts pour luy estre aussi considerables par leurs effets, que par leurs desirs, & également heureux dans l'amour de vostre Personne & dans la soûmission à vostre authorité.

DISCOVRS
DE MONSEIGNEVR
L'EVESQVE
DE NISMES,
PORTANT A S. A. S.
MONSEIGNEVR LE PRINCE DE CONTY,
LE DON-GRATVIT,
ACCORDE' AV ROY PAR LES
Estats de Languedoc, tenus à Pezenas,
en la Seance du 22. iour de
Decembre 1663.

MONSEIGNEVR,

Les trois Ordres de nos Estats
aprés auoir receu d'vn mesme
Esprit de soûmission & de respect la demande du Roy portée par Vostre Altesse, ont en

suitte d'vn mesme cœur, & d'vne mesme voix, deliberé de secourir Sa Majesté, en luy donnant gratuitement & amoureusement douze cens mille liures, qui dans l'extremité où se trouue cette Prouince doiuent estre estimées, & valoir auprés d'Elle douze cens mille escus.

Par cét effort V. A. S. sera bien conuaincuë de la puissance de ses charmes, & pourra croire sans erreur, que nous deuenons insensibles à nos propres necessités autant de fois qu'Elle nous represente ou nos obligations, ou les pressans besoins de nostre Grand Monarque.

Vos Discours, MONSEIGNEVR, nous persuadent auec empire, & tous les ans nous éprouuons que la force n'en est pas moindre que la grace pour nous oster le souuenir & la pensée d'opposer nostre impuissance à vos semonces, & nostre liberté à la douceur du joug que nous imposent vos conseils.

Nous pourrions exprimer ce que fait en cela V. A. S. par vne obseruation familiere & sensible dans la nature. La fecondité du Soleil est admirable en ses diuerses productions, mais singuliere en celle des metaux : Car à nos yeux il semble que cét Astre choisit les fonds & les terres les plus steriles, pour y
former

former l'or & l'argent par la penetration & la vertu de ses rayons. Que l'on impute cette merueille à sa lumiere, qu'on la rapporte à sa chaleur, ou à toutes les deux, elle est digne d'estonnement, mais non pas plus que l'industrie, auec laquelle V. A. S. tire de nos fortunes languissantes, & de nos peuples épuisés, des secours incroyables, comme qui diroit des thresors & des richesses d'vn terroir infertile de soy, mais fecond par les mines que vous y faites naistre, où l'or se fait de nostre fange, deslors que V. A. auec l'actiuité d'vn Astre dominant, nous éclaire dans nos seances, & nous transpire ses ardeurs pour vaincre les obstacles de nostre secheresse.

Receuez donc s'il vous plaist, MONSEIGNEVR, ce que nostre Assemblée conçoit & produit par vous mesme, pour concourir autant qu'il est en Elle à la Grandeur du Roy, & à la gloire de son Regne qui fait l'objet de tous nos yeux, & de tous nos souhaits.

V. A. S. connoit nostre foiblesse & nostre soûmission : Par l'vne, nostre Don-Gratuit est au dessous de nos courages, par l'autre, il est au dessus de nos forces. Sa Majesté sans doute en sera satisfaite si nous sommes fauorisez de vos Offices auprez d'Elle, & Nous

H

plainement satisfaits, si V.A.S. demeure bien perſuadée, que pour luy plaire, & nous abandonner à ſes inſpirations, nous ſerons toûjours preſts d'engager nos ſuffrages & nos conſentemens aux choſes meſmes impoſſibles.

SECOND DISCOVRS
Sur le meſme ſujet.

MONSEIGNEVR,

VOSTRE ALTESSE SERENISSIME a pû coniecturer par noſtre premier pas que le ſecond feroit hardy, mais qu'il n'iroit pas loing ſans conſommer tout ce qui nous reſtoit de forces & d'haleine. Nous l'auons pourtant fait ſans laſſitude & ſans dégouſt, en augmentant noſtre Don-Gratuit de deux cens mille liures, par cette obeïssance & ce tendre respect, qui n'a ny reigle ny mesure en nos Ames, quand il faut joindre au seruice du Roy l'amoureuse resignation que nous auons pour les semonces, & les desirs de Vostre Altesse.

Nous venons, MONSEIGNEVR, par l'ordre des Estats luy rapporter & luy offrir ce foible supplement, qui ne semble estre qu'vn atome, mais lequel joint au corps solide dont il doit estre vne partie, le rend parfait & accomply par cét accroissement.

Vn million quatre cens mille liures est vn riche present pour des peuples necessiteux, quoy qu'il n'ait point de proportion à la Grandeur du Roy, en ayant moins encores à l'amoureuse passion que nous auons pour la personne & pour la gloire de son regne.

Les Trebuchets & les Balances, dit vn Ange dans l'Escriture, ne sont pas faites pour le feu, l'on ne le peut peser, *Pondera mihi ignem*, ce qui veut dire en la science des Esprits du Ciel mesme, que les embrasemens & les flames d'vn vif amour, les ardeurs inuisibles d'vn cœur qui donne tout & ne reserue rien, qui s'épanche pour ce qu'il ayme, qui se consomme & qui se fond auec plaisir dedans ses propres feux, sont au dessus de toute estime, l'on n'en connoift ny le poids ny le prix : Et de là, MONSEIGNEVR, nous oferions conclure que l'affection rapide, impetueufe & brûlante de nos Eftats rend fes prefens ineftimables. Sa Majefté toute éclairée qu'Elle eft, ne peut fçauoir que par vous feul ce qu'elle vaut, ny de quel poids elle eft, non feulement pour fes Finances, mais pour l'honneur & la force de fon Eftat.

En cette veuë, nous fupplions V. A. S. à qui nos Ames font ouuertes, d'en découurir les fentimens à noftre adorable Monarque, afin que cette connoiffance influë à tous nos Dons vne valeur & vn prix infiny, en forte que Sa Majefté les reçoiue auec fatisfaction, & auffi agreablement que nous les accordons, deflors que Voftre Alteffe nous infpire, chacun de nous tenant à gloire & à bonheur d'abandonner fon fort à voftre protection, & fa conduite à vos fages confeils.

www.ingramcontent.com/pod-product-compliance
Lightning Source LLC
Chambersburg PA
CBHW060729050426
42451CB00010B/1694